DES

TRIBUNAUX COMPÉTENTS

POUR VALIDER

LES SAISIES MOBILIÈRES

ET DES CARACTÈRES DISTINCTIFS

DE L'ACTION EN VALIDITÉ

PAR

Ernest LE GOST

CHARGÉ DE COURS A LA FACULTÉ DE DROIT
AVOCAT A LA COUR D'APPEL DE CAEN

PARIS

A. DURAND ET PEDONE-LAURIEL
LIBRAIRES DE LA COUR D'APPEL ET DE L'ORDRE DES AVOCATS
G. PEDONE-LAURIEL, SUCCESSEUR
13, rue Soufflot

—

1882

DES

TRIBUNAUX COMPÉTENTS

POUR VALIDER

LES SAISIES MOBILIÈRES

ET DES CARACTÈRES DISTINCTIFS

DE L'ACTION EN VALIDITÉ

PAR

Ernest LE GOST

CHARGÉ DE COURS A LA FACULTÉ DE DROIT
AVOCAT A LA COUR D'APPEL DE CAEN

PARIS

A. DURAND ET PEDONE-LAURIEL
LIBRAIRES DE LA COUR D'APPEL ET DE L'ORDRE DES AVOCATS
G. PEDONE-LAURIEL, SUCCESSEUR
13, rue Soufflot
—

1882

Extrait de la *Revue critique de législation et de jurisprudence*
(août 1882)

DES

TRIBUNAUX COMPÉTENTS

POUR VALIDER LES SAISIES MOBILIÈRES

ET DES CARACTÈRES DISTINCTIFS

DE L'ACTION EN VALIDITÉ

On sait que le tribunal compétent pour juger les incidents qui peuvent survenir à l'occasion d'une saisie-exécution est le tribunal du lieu de la saisie (art. 606 et 608, Pr. civ.). Il en est évidemment de même dans le cas d'une saisie-brandon, qui n'est qu'une variété de la saisie-exécution (art. 634). Au contraire, le tribunal compétent pour prononcer la validité d'une saisie-arrêt est celui du domicile de la partie saisie, c'est-à-dire du débiteur (art. 567).

Mais à l'égard des autres saisies qui doivent être validées, les textes sont muets ou énigmatiques sur la question de savoir quel est le tribunal qui devra les déclarer valables. — Pour la saisie foraine et la saisie-revendication, l'article 824 dit seulement : « Il ne pourra être procédé « à la vente sur les saisies énoncées au présent « titre qu'après qu'elles auront été déclarées « valables. » L'article 825 ajoute : « Seront, au « surplus, observées les règles ci-devant pres- « crites pour la saisie-exécution, la vente et la « distribution des deniers. » Enfin, pour la saisie-revendication, l'article 831 s'exprime ainsi : « La « demande en validité de la saisie sera portée « devant le tribunal du *domicile de celui sur qui* « *elle est faite,* » — ce qui a prêté, on va le voir, à une double interprétation.

Dès lors est née la question de savoir par quel tribunal la validité de ces dernières saisies devra être prononcée. Est-ce par celui du lieu de la saisie, comme en matière de saisie-exécution, ou bien, au contraire, par celui du domicile du débiteur, ou, plus généralement, de la partie saisie?

La presque totalité des auteurs et des arrêts attribuent compétence au tribunal du lieu de la saisie, mais, il faut bien le reconnaître, sans aucune tentative de généralisation, et par les

motifs les plus divers et les plus incohérents.
V. en ce sens Chauveau, t. VI, quest. 2811;
supplém., p. 765, et Dutruc., *supplém. alph.*,
t. III, p. 474; Boitard et Colmet-Daage, t. II,
n° 1088; Caen, 10 mars 1881 (*Recueil*, 1881, p.
25); Trib. civil d'Yvetot, 18 janvier 1866 (*Jour-nal des Avoués*, t. XCI, page 346); Trib. civ. de
Caen, 21 décembre 1881, inédit. — Pour le sys-tème contraire, nous ne trouvons que l'autorité
de MM. Dalloz (*Rép.*, v° SAISIE-GAGERIE, n° 48)
et un jugement du Tribunal civil de la Seine du
29 octobre 1875 (*J. Av.*, t. CI, p. 42). — Quant à
M. Rodière (t. Ier, p. 107), il admet le premier
système pour la saisie-revendication et la saisie-gagerie, et le système contraire pour la saisie
foraine, — ce qui nous paraît contradictoire,
puisqu'un même texte, l'article 824, s'applique
à ces deux dernières saisies, et oblige également
les saisissants à les faire valider : il semble donc
que la compétence doive être la même pour l'une
et pour l'autre, et qu'il soit impossible de
distinguer.

— Nous croyons qu'il faut généraliser, et ad-mettre d'une manière absolue que toutes les fois qu'un créancier ne pourra ou ne voudra poursuivre son débiteur par la voie de la saisie-exécution ou de la saisie-brandon, et qu'il aura recours, pour un motif quelconque, à une saisie qui devra nécessairement être validée, la validité n'en saurait être prononcée que par le tribunal du débiteur sur qui cette saisie est pratiquée. — Essayons de soutenir ce système, qui nous semble avoir été jusqu'à ce jour mal attaqué, et peut-être plus mal défendu encore.

I.

Avant d'aborder la discussion proprement dite, il nous paraît utile, et dans tous les cas fort digne d'intérêt, de rechercher : 1° quelle est la nature, quels sont les caractères des diverses saisies qui doivent être validées ; 2° s'il n'existe pas des cas où cette validation soit inutile, bien que les textes semblent l'exiger d'une manière absolue. Peut-être ces développements permettront-ils de mieux mettre en lumière les principes que nous croyons les seuls vrais.

I. La saisie foraine ne présente guère qu'une particularité bien tranchée : c'est qu'elle permet au créancier, même sans titre et sans sommation préalable (1), et en vertu d'une simple permission du juge, de faire saisir conservatoirement et partout où il les trouve les effets de son débiteur forain. Mais elle ne lui confère aucun droit spécial sur le prix des meubles saisis, et même après la vente, tant que le prix n'en est pas distribué, les autres créanciers du débiteur forain peuvent se faire payer sur ce prix au prorata de leurs créances, comme en matière de saisie ordinaire.

Au contraire, la saisie-gagerie et la saisie-revendication ne peuvent être pratiquées que par celui qui réclame un *droit exclusif*, soit sur les objets saisis, soit sur le prix à en provenir, notamment à titre de propriété ou de gage. C'est ainsi que celui-là seul peut saisir-revendiquer, qui se prétend propriétaire de la chose qu'il revendique, par exemple en cas de

(1) On sait que le mot *commandement*, dans les articles 819 et 822, signifie uniquement *sommation de payer*, ou mise en demeure. Il ne peut avoir d'autre sens, puisqu'il ne saurait être question d'un commandement proprement dit que lorsqu'on possède un titre exécutoire.

perte ou de vol (art. 2279 et 2280, Code civ.),
ou qui se plaint que des objets soumis à son
droit de gage ont été détournés (art. 2102),
ou enfin le vendeur de meubles non payés, qui,
sous certaines conditions et dans le délai imparti
par la loi, veut se remettre en possession
des objets qu'il a vendus, et se replacer dans
la situation où il serait s'il ne s'en était pas
dessaisi, — conformément au système à peu
près unanimement enseigné aujourd'hui sur la
nature de son droit de revendication. De même
la saisie-gagerie n'a été imaginée que pour
sauvegarder le gage tacite des propriétaires ou
principaux locataires d'immeubles : l'article 819
le déclare expressément.

Il en résulte que le créancier qui demande la
validité de sa saisie-gagerie ou de sa saisie-
revendication se propose une double fin, et que
son action soulève deux questions, l'une personnelle, l'autre réelle. — Nous supposons
d'abord en ce moment, bien entendu, que ce
créancier n'a pas de titre exécutoire, — ce qui est
de beaucoup le cas le plus fréquent et presque
le seul dans la pratique, — sauf à examiner
bientôt l'hypothèse inverse.

D'une part, il réclame une condamnation qui reconnaisse et fixe sa créance, et qu'il pourra exécuter sur tous les biens de son débiteur (art. 2092 et 2093, Code civ.). D'autre part, il demande à faire consacrer son droit exclusif sur la chose saisie-gagée ou saisie-revendiquée, ou sur le prix à en provenir. C'est presque toujours cette dernière condamnation qui constitue, à proprement parler, le but principal de ses efforts; car elle lui assure que sa poursuite ne profitera qu'à lui seul, — sauf parfois peut-être le privilège des frais de justice ou celui des frais de semences et labours (art. 2101, 2102, Code civ.), — à la différence de ce qui se passe en matière de saisie-exécution ou de saisie-arrêt.

Ces deux éléments, l'un personnel, l'autre réel, se rencontrent perpétuellement dans l'action en validité de ces deux saisies, mais avec cette observation que leur importance respective n'est pas toujours la même ; et cette importance nous paraît varier d'après la distinction suivante :

Lorsque le créancier saisissant demande à *faire vendre* les objets saisis et à exercer son privilège sur le prix, — tel est le bailleur en vertu de son gage tacite, — c'est la condamnation personnelle qui est théoriquement la principale : son privilège n'est en effet qu'une qualité de sa créance, et par suite il est nécessaire d'abord d'établir l'existence et la quotité de cette créance : *Prius est esse, quam esse tale.* — Si au contraire le saisissant revendique la chose elle-même, non pour la faire vendre et se faire payer sur le prix, mais uniquement pour *la reprendre en nature*, — tel est le propriétaire d'une chose perdue ou volée, — son action sera principalement une action réelle : elle sera surtout la consécration de son droit de propriété. Cependant il s'y joindra toujours accessoirement des condamnations personnelles, par exemple une contrainte au moins égale à la valeur de la chose, pour le cas où cette chose ne serait pas restituée *in specie*, ou encore des dommages-intérêts, ou tout au moins une condamnation aux dépens.

— Supposons maintenant que le créancier saisissant agisse en vertu d'un titre exécutoire. Il pourra recourir à la saisie-exécution sur les effets de son débiteur forain, et par suite les

règles de la saisie foraine, qui est beaucoup
moins énergique, n'auront plus rien à voir ici.
— Il pourra en outre, au lieu de saisir-gager les
meubles de son locataire ou fermier, les faire
saisir-exécuter. Ce dernier moyen est de beaucoup préférable et n'offre pas d'inconvénients;
car, après qu'il aura fait vendre les meubles du
locataire, il exercera son privilège sur le prix de
vente. La voie de la saisie-gagerie ne lui serait
utile que si, n'ayant point encore de créance exigible, parce qu'il n'y a pas encore de fermages
échus, il avait de justes sujets de craindre que les
meubles soumis à son gage ne soient sur le
point d'être enlevés; mais la question de savoir
s'il peut dans ce cas saisir-gager est controver-
sée, et il semble bien difficile d'admettre l'affirmative, en présence des termes absolus de l'article 819, qui déclare que la saisie-gagerie devra
être pratiquée « pour loyers et fermages *échus*. »
Il ne lui restera donc d'autre ressource que la
saisie-revendication, remède bien souvent tardif
et insuffisant, car il peut ne pas savoir où les
meubles enlevés ont été placés, ou ne l'apprendre
que trop tard.

Au contraire, l'existence d'un titre exécutoire

et la voie de la saisie-exécution sont absolument insuffisantes, si l'on se propose de rechercher *au domicile d'un tiers* des effets que l'on prétend n'être pas sortis du patrimoine du débiteur, ou en être sortis indûment, ou s'il s'agit d'un vendeur non payé qui veuille user du droit établi par l'article 2102, Code civil, et reprendre l'objet même qu'il a vendu. Dans ce cas, le créancier, le propriétaire, le vendeur, ne peuvent agir que par la voie de la saisie-revendication, et l'article 826 déclare qu'il n'y pourra être procédé qu'en vertu d'une ordonnance du juge, à peine de nullité et de dommages-intérêts : les motifs de cette différence sont faciles à comprendre.

II. Les distinctions qui précèdent nous paraissent impliquer nécessairement qu'il ne faut nullement prendre à la lettre les termes de l'art. 824, d'après lequel *il ne pourra être procédé* à la vente sur la saisie-gagerie ou la saisie foraine *qu'après qu'elles auront été déclarées valables ;* ce texte ne nous paraît avoir statué que *de eo quod plerumque fit,* et doit être combiné avec les principes de la saisie-exécution et de la saisie-brandon. — Dès lors, on devra admettre les distinctions suivantes :

La validité d'une saisie-gagerie ou d'une saisie foraine n'a besoin d'être prononcée que lorsque le saisissant se trouve dans la nécessité de faire reconnaître l'existence et la quotité de sa créance ou, s'il y a lieu, son droit exclusif sur le prix à en provenir; car on ne conçoit pas que le créancier qui a titre exécutoire et dont la créance est exigible puisse ne pas recourir à la voie infiniment préférable de la saisie-exécution. — Au contraire, la saisie-revendication doit toujours être validée, alors même que le revendiquant serait muni d'un titre certain et exécutoire.

II.

Nous allons nous efforcer maintenant d'établir que tous les textes et tous les principes du droit impliquent que l'action en validité ne peut être portée que devant le Tribunal du domicile du débiteur, ou, plus généralement, de la partie saisie.

Et d'abord, on a vu que l'action en validité n'a de raison d'être que lorsque le saisissant veut obtenir un titre exécutoire, ou bien lorsque l'objet qu'il veut frapper de saisie est placé chez un tiers, ou qu'on se propose de le reprendre en nature; il s'agit donc d'une action personnelle ou mixte, mais dans tous les cas d'une action mobilière, puisqu'elle tend à établir l'existence et la quotité d'un droit mobilier. Dès lors la question n'est-elle pas nettement tranchée par l'article 59, Proc. civ., qui attribue compétence en matière personnelle (et l'on sait qu'il faut ajouter : ou en matière mobilière) au tribunal du domicile du défendeur? Le défendeur, en effet, n'est-il pas, dans l'espèce, le débiteur prétendu, c'est-à-dire la partie saisie? Pour que cette compétence, qui est celle du droit commun, pût être modifiée, il faudrait qu'un autre texte attribuât expressément et exceptionnellement juridiction au tribunal du lieu de la saisie, comme en matière de saisie-exécution : or nous savons que ce texte n'existe pas.

D'autre part, l'article 567 dispose que la demande en validité d'une saisie-arrêt et la demande en main-levée seront portées devant le tribunal du domicile de la partie saisie. — Or l'analogie nous paraît évidente : d'abord parce que ce texte n'est qu'une application du droit commun, ensuite et surtout parce que la raison de décider est exactement la même. Dans tous ces cas, en effet, il s'agit de saisies qui peuvent être pratiquées même sans titre, avec une simple permission du juge, et qui seront peut-être annulées avec dommages-intérêts, comme pratiquées sans droit ou irrégulièrement. Comment, dès lors, pourrait-on soustraire à ses juges naturels un débiteur *qui n'est point encore reconnu judiciairement comme tel?* — Ajoutons que cette analogie est d'autant plus forte, que l'article 570 permet au tiers saisi, si sa déclaration affirmative est contestée, de « demander son renvoi devant son juge, » d'où on a conclu notamment avec raison que si la dette du tiers saisi est commerciale, c'est devant le tribunal de commerce que cette dette devra être fixée: et, cependant, si le Code de procédure n'avait point entendu pousser jusqu'au scrupule le respect de la règle : *actor sequitur forum rei,* ne lui eût-il pas été bien facile d'attirer le litige devant le tribunal du débiteur, pour cause de litispendance ou de connexité?

Enfin l'article 831 nous paraît trancher la question pour la saisie-revendication, en disant que la demande en validité sera portée devant le tribunal *du domicile de celui sur qui elle est faite,* c'est-à-dire, bien évidemment, du prétendu débiteur, de la partie saisie.

Il est vrai que ce texte, ainsi que nous le disions plus haut, a prêté à l'équivoque. La Cour de Nancy, par arrêt du 18 janvier 1833 (Dalloz, *Rép.*, v^{is} SAISIE-REVENDICATION, n° 35, et APPEL CIVIL, n° 1086), et quelques auteurs cités par MM. Dalloz, ont admis que ces mots devaient s'entendre du tribunal de celui *chez qui* la saisie-revendication est pratiquée : il peut donc sembler singulier d'appeler une controverse à en trancher une autre. Mais MM. Dalloz et un arrêt de la Cour de Paris du 21 novembre 1853 (D. P., 55, 2, 311), préfèrent l'interprétation que nous avons adoptée, et qui nous paraît la seule conforme au langage du droit et de la pratique. Ajoutons que cette interprétation semble confirmée par la suite du texte, qui décide que, si la saisie-revendication est connexe à une instance déjà pendante, la demande en validité *sera portée devant le tribunal saisi de cette instance :* or, si le tribunal du lieu de la saisie avait eu, dans la pensée du législateur, une véritable attribution de juridiction, ne semblerait-il pas bien difficile de lui enlever cette attribution, pour quelque cause que ce fût?

Et qu'on n'objecte pas que ce dernier texte, s'il a le sens que nous lui attribuons, est au moins inutile, et peut même fournir un argument *a contrario* à l'égard de la saisie foraine et de la saisie-revendication. En réalité, ce texte était nécessaire et parfaitement à sa place, car il tranche une difficulté qui pouvait être sérieuse: comme la personne *chez qui* la saisie-revendication est pratiquée peut prétendre et prétendra souvent être propriétaire des objets saisis-revendiqués, ou avoir sur ces objets un droit de préférence, on aurait pu soutenir, avec quelque raison, que c'est le détenteur qui est le véritable défendeur au procès, protégé qu'il est dans la plupart des cas par la règle de l'article 2279; et que, par suite, c'est à son domicile que l'instance devrait être portée: or, l'article 831 a précisément pour but de supprimer cette difficulté.

D'ailleurs, il est un argument qui suffirait, ce nous semble, à faire cesser toute hésitation. Si

le créancier saisissant eût formé sa demande par voie d'action principale ou unique, tendant à obtenir une condamnation, ou si, par la voie de l'action paulienne, il se fût adressé à son débiteur pour faire annuler les actes faits en fraude de ses droits, et eût approché sur l'instance le tiers détenteur, il est bien certain qu'il eût dû porter son action devant le tribunal du domicile de son débiteur. Dès lors est-il possible de comprendre qu'en introduisant son action par voie de saisie, il puisse modifier ou déplacer la compétence, et obtenir indirectement ce qu'il ne pourrait faire directement?

— Mais, dira-t-on, pourquoi en est-il autrement en matière de saisie-exécution? C'est que la situation est absolument différente. En effet la saisie-exécution, n'ayant pas besoin d'être validée, suit régulièrement son cours, à moins d'incidents soulevés par le débiteur saisi, ou par les tiers qui demandent la distraction des objets saisis (art. 608). Ces incidents sont un évènement fortuit et imprévu, et à propos desquels les contestants deviennent demandeurs. On conçoit donc aisément qu'ils doivent porter leur action devant

le tribunal du lieu de la saisie, et cela non-seule-
ment pour des raisons de célérité faciles à comprendre, mais aussi parce que le saisissant a dû
nécessairement, aux termes de l'article 584, faire
élection de domicile, sur le procès-verbal de saisie, dans la commune où doit se faire l'exécution,
si lui-même n'y est domicilié ; et ce texte ajoute
que le débiteur pourra faire à ce domicile élu
toutes significations, même d'offres réelles et
d'appel. Personne ne peut donc se plaindre de
cette attribution de juridiction, qui offre notamment cet avantage de supprimer entièrement ou
presque entièrement les délais de distance.—Au
contraire, lorsqu'une saisie est sujette à être
validée, le véritable défendeur est, nous l'avons
vu, la partie sur laquelle la saisie est pratiquée :
c'est elle qui doit, soit seule, soit avant tous
autres, être actionnée en validité, et alors repa-
raît avec toute sa force le principe d'après lequel
nul ne peut être distrait de ses juges naturels.
L'analogie n'existe donc pas.

— Voyons maintenant sur quels arguments
s'appuie le système contraire. Les seules objections qui vaillent la peine d'être discu-

tées peuvent, ce nous semble, se réduire à trois.

1° Et d'abord, a-t-on dit, l'article 825 renvoie, pour le surplus, *aux règles ci-devant prescrites pour la saisie-exécution*, la vente et la distribution des deniers : or l'attribution de juridiction au tribunal du lieu de la saisie fait évidemment partie de ces règles. — Mais on oublie que l'article 824 venait précisément d'astreindre la saisie foraine et la saisie-gagerie à être validées, à la différence de ce qui se passe dans une saisie-exécution : on doit en conclure que le siège de la difficulté, pour ce qui concerne l'action en validité, n'est pas l'article 825, mais l'article 824 ; or nous savons précisément que ce texte est muet.

2° On a dit encore que l'article 59, que nous invoquons comme argument principal, fournit un argument à la thèse contraire : en effet ce texte attribue compétence, *en matière réelle*, au tribunal de la situation de l'objet litigieux, et, *en matière mixte*, au tribunal de la situation ou à celui du domicile du débiteur. Or, s'il est vrai qu'en général les meubles n'ont pas d'assiette, il en est autrement en matière de saisies ; les objets saisis se trouvent pour ainsi dire immobilisés, et ont désormais une situation fixe : et cette immobilisation existe exactement au même degré dans toute espèce de saisies. On peut ajouter que nous avons reconnu nous-même le caractère mixte de l'action en validité, et que par suite nous devrions conclure à la compétence facultative du tribunal du domicile du débiteur ou du tribunal du lieu de la saisie. — Mais ces objections reposent sur une véritable erreur historique. En effet on sait que la distinction des actions personnelles, réelles et mixtes n'a d'intérêt que lorsqu'il s'agit d'immeubles ou de droits réels immobiliers ; le Code, par une erreur devant laquelle il faut s'incliner, confond perpétuellement les actions personnelles et les actions mobilières, de sorte qu'il suffit qu'une action soit mobilière pour qu'elle doive être nécessairement portée devant le tribunal du domicile du défendeur. Cette proposition, malheureusement trop vraie, est admise par tous les auteurs, et développée tout spécialement par le plus récent et l'un des plus éminents, M. Garsonnet (*Cours de procéd.*, t. I, p. 532 et 704) : elle se justifie, notamment, en rapprochant l'article 59 de l'article 2, Proc. civ., de l'article 1 de la loi du

11 avril 1838 et de l'article 1 de la loi du 25 mai 1838, ainsi que des précédents historiques.

Nous ne saurions admettre davantage la prétendue immobilisation qui résulterait de la saisie. Elle n'est écrite dans aucun texte, et il suffit, pour l'écarter, de rappeler ces anciennes maximes, qui restent toujours vraies et qu'on enseigne toujours : *Mobilia sequuntur personam, mobilia ossibus inhærent.* La saisie ne produit par elle-même qu'un seul effet, c'est de mettre les objets saisis sous la main de justice : or, comme le dit l'ancien adage, *main de justice ne saisit ni ne dessaisit personne.*

3° Enfin on objecte que les instances de cette nature présentent presque toujours un caractère d'urgence, qui exige, comme en matière de saisie-exécution, une attribution spéciale de compétence. — Nous le contestons absolument : si l'on comprend qu'en matière de saisie-exécution ou de saisie-brandon, provision soit due au titre exécutoire, d'autant plus que les contestations qui peuvent s'élever à cette occasion ne sont qu'un incident relativement assez rare, nous ne voyons ici qu'une contestation ordinaire, soumise aux règles ordinaires, et à propos de laquelle tous les intérêts sont amplement sauvegardés par la saisie, mesure purement conservatoire dans son principe, et qui ne sera convertie en saisie-exécution que par le jugement qui la validera. D'ailleurs, l'urgence ne saurait prévaloir, ce nous semble, contre les maximes les plus tutélaires de notre droit.

Mais il y a plus : l'argument tiré de l'urgence, lorsqu'on l'examine de près, nous paraît se retourner contre ses auteurs. En effet, supposons que le débiteur habite Marseille, et que la saisie-gagerie soit pratiquée à Caen. Comme il faudra nécessairement assigner en validité à Marseille pour plaider à Caen, et par conséquent ajouter au délai de huitaine franche des ajournements le délai des distances, soit vingt-deux jours environ, il ne pourra être pris jugement *avant un mois*, — en supposant, bien entendu, que le débiteur ne se défende pas. Au contraire, si l'instance en validité était portée à Marseille, le saisissant n'aurait pas de délais de distances à observer, et par suite le jugement pourrait être pris *environ vingt jours plus tôt*. — On voit par suite qu'en matière de saisie-exécution l'attribution de juridiction au tribunal du lieu de la saisie n'est un bienfait que parce que cette saisie n'a pas besoin d'être validée, et que l'élection de domicile faite par le saisissant a pour effet de supprimer entièrement ou presque entièrement les délais de distance. Toutes les fois au contraire qu'une validation sera nécessaire, et que par suite il y aura des délais à observer, nous voyons bien les inconvénients de l'attribution de juridiction, mais nous n'en voyons pas les avantages.

Nous persistons donc avec confiance, et nous croyons qu'on ne saurait trop combattre le système prédominant, dont le moindre défaut est de permettre au créancier saisissant de modifier à son gré toutes les règles de la compétence, au moyen d'un simple artifice de procédure.

Caen, Typ. F. Le Blanc-Hardel.

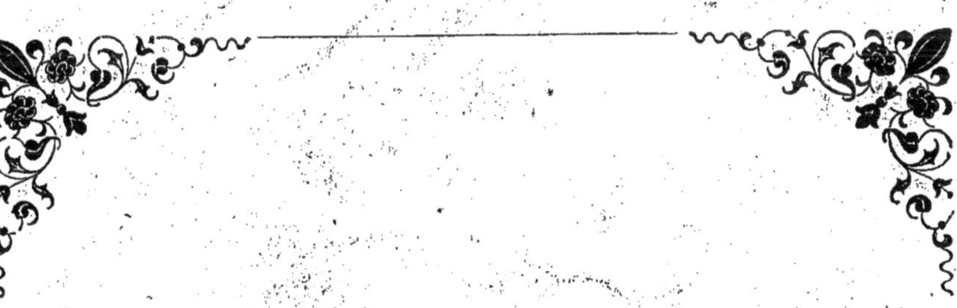

DU MÊME AUTEUR

EN VENTE A LA MÊME LIBRAIRIE

Essai sur les effets juridiques des travaux de la
défense nationale, *dans les rapports des particu-
liers avec l'État et entre eux.*—In-8°, 1873. . 4 fr.

Mémoire couronné par la Faculté de Droit de Caen.

Étude théorique et pratique sur les titres au porteur
perdus, volés, détruits, etc., *et les moyens d'en
recouvrer la possession et la jouissance.* — In-8°,
1880. 6 fr.

www.ingramcontent.com/pod-product-compliance
Ingram Content Group UK Ltd.
Pitfield, Milton Keynes, MK11 3LW, UK
UKHW020137080726
13614UKWH00005B/2277